BEI GRIN MACHT SICH IHR WISSEN BEZAHLT

- Wir veröffentlichen Ihre Hausarbeit, Bachelor- und Masterarbeit

- Ihr eigenes eBook und Buch - weltweit in allen wichtigen Shops

- Verdienen Sie an jedem Verkauf

Jetzt bei www.GRIN.com hochladen und kostenlos publizieren

Bibliografische Information der Deutschen Nationalbibliothek:

Die Deutsche Bibliothek verzeichnet diese Publikation in der Deutschen National-
bibliografie; detaillierte bibliografische Daten sind im Internet über http://dnb.d-
nb.de/ abrufbar.

Dieses Werk sowie alle darin enthaltenen einzelnen Beiträge und Abbildungen
sind urheberrechtlich geschützt. Jede Verwertung, die nicht ausdrücklich vom
Urheberrechtsschutz zugelassen ist, bedarf der vorherigen Zustimmung des Verla-
ges. Das gilt insbesondere für Vervielfältigungen, Bearbeitungen, Übersetzungen,
Mikroverfilmungen, Auswertungen durch Datenbanken und für die Einspeicherung
und Verarbeitung in elektronische Systeme. Alle Rechte, auch die des auszugsweisen
Nachdrucks, der fotomechanischen Wiedergabe (einschließlich Mikrokopie) sowie
der Auswertung durch Datenbanken oder ähnliche Einrichtungen, vorbehalten.

Impressum:

Copyright © 2015 GRIN Verlag, Open Publishing GmbH
Druck und Bindung: Books on Demand GmbH, Norderstedt Germany
ISBN: 9783668415836

Dieses Buch bei GRIN:

http://www.grin.com/de/e-book/355175/latein-lernen-fuer-die-schule-oder-fuers-
leben

Stephan Nabbefeld

Latein lernen. Für die Schule oder fürs Leben?

GRIN Verlag

GRIN - Your knowledge has value

Der GRIN Verlag publiziert seit 1998 wissenschaftliche Arbeiten von Studenten, Hochschullehrern und anderen Akademikern als eBook und gedrucktes Buch. Die Verlagswebsite www.grin.com ist die ideale Plattform zur Veröffentlichung von Hausarbeiten, Abschlussarbeiten, wissenschaftlichen Aufsätzen, Dissertationen und Fachbüchern.

Besuchen Sie uns im Internet:

http://www.grin.com/

http://www.facebook.com/grincom

http://www.twitter.com/grin_com

STÄDTISCHES STIFTSGYMNASIUM XANTEN

Latein lernen

Für die Schule oder fürs Leben?

Stephan Nabbefeld

Jahrgangsstufe: Q2

Fach: Latein

Inhaltsverzeichnis

Einleitung

Es stellt sich immer wieder die Frage, ob die Unterrichtsinhalte, die den Schülerinnen und Schülern heutzutage vermittelt werden, im weiteren Leben überhaupt einen Nutzen bringen. [1]Genau diese Frage hat sich auch Christoph Drösser gestellt und in seinem Zeitungsartikel „Fürs Leben" mit Blick auf die Hintergründe untersucht. Ich möchte seinen Lösungsansatz aufgreifen und diese Frage tiefgehender anhand eines Beispiels, des Lateinunterrichts, weiter untersuchen.

Das Beispiel Latein ist hier sehr passend, da schon der römische Politiker und Schriftsteller Lucius Annaeus Seneca, welcher von 4 vor Christus bis 65 nach Christus gelebt hat, die Erziehung und den schulischen Unterricht kritisiert hat. [2]Von ihm stammt auch das Zitat *„Nicht fürs Leben, sondern für die Schule lernen wir."* *(„Non vitae, sed scholae discimus.")*. Es wird also deutlich, dass diese Position schon damals diskutiert wurde und schon damals der schulische Unterricht kritisch hinterfragt wurde. Der heutige Lateinunterricht bietet sich als interessantes Untersuchungsobjekt an, da Latein von einigen Professoren und Philosophen als „tote Sprache" bezeichnet wird und sich demzufolge auch die Frage nach dem Sinn der weiteren Lehre der lateinischen Sprache stellt. Auch von Seiten des Schulministeriums kamen zuletzt einige Signale, die als Herabstufung des Faches Latein gedeutet werden können. Zum Beispiel wird in der zukünftigen Lehrerausbildung für Gymnasien und Gesamtschulen das Latinum keine zwingende Voraussetzung mehr sein[3].

Die Facharbeit soll herausstellen, ob die Schüler, die ein Latinum vorweisen können, im Leben Vorteile haben und nachweisen, inwiefern der Lateinunterricht für die Schüler sinnvoll ist. Dies erfolgt durch den Vergleich verschiedener Sichtweisen sowohl von Seneca aus der Antike, als auch von heutigen Professoren und Philosophen, die sich mit diesem Thema auseinander gesetzt haben.

Des Weiteren soll der Kernlernplan für das Fach Latein, sowie eine Infobroschüre, die die Schüler und Eltern vor der Wahl der zweiten Fremdsprache zu überzeugen

---

[1] siehe dazu: Drösser, C. (2. August 2001). www.zeit.de. (Z. Online, Hrsg.) Abgerufen am 01. September 2015 von http://www.zeit.de/2001/32/200132_stimmts_seneca.xml
[2] siehe dazu: Drösser, C. (2. August 2001). www.zeit.de. (Z. Online, Hrsg.) Abgerufen am 01. September 2015 von http://www.zeit.de/2001/32/200132_stimmts_seneca.xml
[3] siehe dazu: Ministerium für Schule und Weiterbildung des Landes Nordrhein-Westfahlen. www.schulministerium.nrw.de. Abgerufen am 20. November 2015 von http://www.schulministerium.nrw.de/docs/Schulsystem/Unterricht/Lernbereiche-und-Faecher/Fremdsprachen/Latein/#A_1;
www.news4teachers.de. (6. Oktober 2015). Abgerufen am 20. November 2015 von http://www.news4teachers.de/2015/10/altphilologen-sind-empoert-latein-verliert-in-der-lehrerausbildung-an-bedeutung/

versucht, zeigen, welche Ziele und welche Erkenntnisse und Fortschritte durch den Lateinunterricht erlangt werden. Zusammengefasst wird sich also zeigen, ob eine Entwicklung und Veränderung der Sichtweisen im Laufe der Jahrhunderte zu verzeichnen ist und ob es heute noch sinnvoll ist Latein anstelle von anderen moderneren Fremdsprachen als zweite oder weitere Fremdsprache zu wählen.

Lucius Annaeus Seneca

Biographie und Philosophie

Lucius Annaeus Seneca, geboren im Jahre 4 vor Christus in Cordoba, Spanien, war von Beruf Politiker und hatte eine Ausbildung in Rhetorik und Philosophie erhalten. Aufgrund seiner politischen Ämter (Quästor und Senator) wurde Seneca Opfer kaiserlicher Machtpolitik und wurde demzufolge auf Korsika verbannt. Nach acht Jahren ist Seneca 49 nach Christus zurückgekehrt und bekam nun die neue Aufgabe Nero zu erziehen. Nero ist 54 nach Christus, nach Ermordung des Claudius, Kaiser geworden. Infolgedessen hat Seneca mit seinem Kollegen, dem Prätorianer-Präfekten Burrus, die wiederrum neue Aufgabe bekommen das römische Reich zu verwalten. Im Jahre 62 nach Christus hat sich Seneca aufgrund von Enttäuschung gegenüber Nero, der seine Mutter hatte ermorden lassen, aus der Politik zurückgezogen. Im Anschluss ist Seneca von Nero angeklagt worden, an der Verschwörung des C. Calpurnius Piso gegen ihn teilgenommen zu haben und wurde aufgrund dessen zum Tode verurteilt.

In seinen philosophischen Werken orientiert sich Seneca stark an der stoischen Lehre und wendet diese auf das alltägliche Leben an. In seinem Hauptwerk, den Epistulae morales ad Lucilium, welche zwischen 62 und 64 nach Christus entstanden sind, berichtet Seneca über eigene Erfahrungen, die ihm zu einer sittlichen und strengen Lebensweise verholfen haben. Jedoch zeigt Seneca Verständnis und Einsicht für menschliche Schwächen und stellt heraus, dass der Mensch durch die Vernunft versuchen soll, sich in den verschiedensten Lebenssituationen möglichst passend und angemessen zu verhalten.[4]

---

[4] Vgl.: Res Romanae compact (1. Ausg.). (2010). Berlin: Cornelsen Verlag, Seite 144ff.

Seneca - Epistulae morales 106

Originaltext

„Quoniam, ut voluisti, morem gessi tibi, nunc ipse dicam mihi quod dicturum esse te video: latrunculis ludimus. In supervacuis subtilitas teritur: non faciunt bonos ista sed doctos. Apertior res est sapere, immo simplicior: paucis (satis) est ad mentem bonam uti litteris, sed nos ut cetera in supervacuum diffundimus, ita philosophiam ipsam. Quemadmodum omnium rerum, sic litterarum quoque intemperantia laboramus: Non vitae sed scholae discimus. Vale.[5]

Arbeitsübersetzung

Weil ich, wie du gewollt hast, mich Dir gefügt habe, werde ich nun selbst sagen, was ich sehe, dass du es mir sagen wirst. Wir spielen mit Steinen. Die Genauigkeit wird auf den überflüssigen Dingen abgerieben. Diese da machen nicht zu tüchtigen Menschen, sondern höchstens zu gelehrten Menschen. Eine klarere Sache ist es zu verstehen, keineswegs eine einfachere: Es ist genügend gemäß gutem Verstand wenige Werke zu gebrauchen, aber wir breiten so die Philosophie selbst wie das Übrige bis in das Überflüssige hinein aus. Wir leiden wie an der Unmäßigkeit an allen Dingen auch an der Unmäßigkeit der Werke: Nicht fürs Leben, sondern für die Schule lernen wir. Leb wohl.

Interpretation Senecas Ansichten

Zunächst erklärt Seneca, dass er zuvor überlegt hatte, ob er zuerst Lucilius hätte antworten oder warten lassen sollen, da er Lucilius Frage in seinem Hauptwerk der Moralphilosophie ausführlich und detailliert behandeln wollte. Schließlich hat er sich dazu entschlossen, Lucilius nicht länger warten zu lassen und seine Frage, wie in seinem Werk, ausführlich mit zusätzlichen Informationen zu beantworten. Er deutet hierbei schon darauf hin, dass die ausführliche Beantwortung lediglich der Bereicherung des Wissens dient, jedoch nicht von größerem Nutzen ist. Die Frage, die Seneca im Folgenden beantworten möchte, lautet: „Ist ein Gut etwas Körperliches?"

Seneca nutzt zur Beantwortung der Frage vier verschiedene Lösungsansätze und beginnt damit zu erklären, dass ein Gut von einem Körper ein Körper ist, da es den

---

[5] Reynolds, L. D. (1965). *L. Annaei Senecae ad Lucilium Epistulae Morales* (Bd. 2). Oxford: Oxford University Press, Seite 447

Körper beeinflusst. Demzufolge kann er schlussfolgern, dass auch Güter der Seele körperlich sein müssen, da auch Regungen der Seele den Körper beeinflussen. Zur Verdeutlichung nennt Seneca an dieser Stelle die Affekte und Leidenschaften des Menschen, die den Körper beeinflussen, da sie den Menschen zu gewissem Handeln und Reagieren veranlassen. Im Anschluss formuliert er nun als Zwischenfazit, dass alle Dinge, die einen Körper verändern und beeinflussen, körperlich sein müssen. Im Anschluss daran bezieht sich Seneca bei seiner Antwort nun auf Lucretius, indem er das Zitat *„Nur der Körper berührt, und läßt sich wieder berühren"*[6] anführt und ihm aufgrund seiner bisherigen Lösungsansätze zustimmen kann. Somit kommt er zu der Aussage, dass Dinge, die einen Körper nicht verändern, den Körper demzufolge auch nicht berühren. Abschließend dazu kann er wieder bestätigen, dass ein Gut etwas Körperliches ist. In seiner letzten Teilantwort beschreibt Seneca, dass das Tun und Handeln des Menschen auf Befehle und innere Regungen zurückzuführen ist, sodass der Mensch auf Dinge, die den Körper belasten, und auf Dinge, die sich dem Körper entgegenstellen, reagiert und dementsprechend anders handelt.[7]

Hieraus ergibt sich ebenfalls, dass ein Gut des Menschen gleichzeitig ein Gut eines Körpers ist, da der Mensch durch bestimmte Abläufe und Impulse beeinflusst wird.[8]

Im Schlussteil seiner Beantwortung versucht Seneca Lucilius zu verdeutlichen, dass er nun seine anfängliche Frage beantwortet habe, jedoch versucht er herauszustellen, dass die ausführlichere Beantwortung keinen größeren Nutzen hat als die ausreichende Beantwortung. So kommt Seneca zu der Annahme, dass man durch die Genauigkeit seine Zeit mit unwichtigeren Dingen verschwendet, da die genauere Betrachtung lediglich zu größerem Wissen, aber nicht zu größerem Nutzen verhilft. Es lässt sich somit schlussfolgern, dass jede ausführliche Beantwortung die anfängliche Fragestellung detaillierter beantwortet, jedoch die detailliertere Beantwortung nicht am leichtesten zu verstehen ist. An dieser Stelle weist Seneca darauf hin, dass der Gebrauch von weniger literarischen Werken oftmals zu einem größeren Erfolg führt, als die Verwendung von vielen literarischen Werken, da die Philosophie nur verbreitet, aber nicht vereinfacht dargestellt wird. Zusammengefasst schlussfolgert er hier, dass jeder selbst an der hohen Verfügbarkeit der Literatur

---

[6] Vgl.: Apelt, O. (1993). *Seneca Philosophische Schriften IV* (Bd. 4). (Meiner, Hrsg.) Hamburg: Felix Meiner Verlag, Seite 231
[7] Vgl.: Apelt, O. (1993). *Seneca Philosophische Schriften IV* (Bd. 4). (Meiner, Hrsg.) Hamburg: Felix Meiner Verlag Seite 229ff.
[8] Vgl.: Apelt, O. (1993). *Seneca Philosophische Schriften IV* (Bd. 4). (Meiner, Hrsg.) Hamburg: Felix Meiner Verlag, Seite 229 bis Seite 231

leidet. Ein Übermaß an Informationsaufnahme führt also nur dazu, dass man für die Schule, nicht aber fürs Leben lernt.[9]

Anhand der Sichtweise Senecas wird bezüglich der Leitfrage deutlich, dass er den schulischen Unterricht in der Antike kritisiert hat, da den Schülern zu viel Wissen vermittelt wird, welches sie jedoch im Leben niemals alles gebrauchen können. Seneca ist also der Meinung, dass es ausreichend ist, alle Fragen und Problemstellungen hinreichend und verständlich zu beantworten und darauf zu achten, dass man das Thema beziehungsweise die Beantwortung nicht zu umfangreich gestaltet, damit die Zuhörer nicht durch zu viele Daten und Fakten verwirrt und belastet werden.

FAZ: Lateinkenntnisse – Für die Schule, nicht fürs Leben

Heutige Sichtweisen

In der heutigen Zeit stellt sich in Bezug auf die Nützlichkeit von Unterricht häufig die Frage, ob Lateinunterricht und das damit vermittelte Wissen im Leben sinnvoll und nutzbringend ist. Dieses Problem wird auch im Zeitungsartikel „Lateinkenntnisse – Für die Schule, nicht fürs Leben", geschrieben von Nadine Bös und veröffentlicht am 24.06.2010 in der Frankfurter Allgemeinen Zeitung, thematisiert.

Laut Bös gewinnt der Lateinunterricht an Beliebtheit, da die Anzahl der in Latein unterrichteten Schüler vom Schuljahr 2004/2005 von 7,7% bis zum Schuljahr 2008/2009 auf 9,3% angestiegen ist. Nichtsdestotrotz schreibt Bös, dass die Nützlichkeit des Latinums weiterhin umstritten ist und 95% aller befragten Konzerne, bis auf Bayer Leverkusen, Lateinkenntnisse in der Bewerbung nicht als notwendig ansehen. Im Folgenden führt Bös Argumente für und gegen den Lateinunterricht an und versucht so das Problem dem Leser näher zu bringen.

Bei einer weiteren Umfrage hat sich gezeigt, dass der Lateinunterricht einige positive Auswirkungen in Schlüsselqualifikationen, insbesondere in der Ausprägung von kognitiver Leistungsfähigkeit, hat. Diese positiven Auswirkungen können 59 % der Konzerne bestätigen. Latein gilt als Denkschule und man lernt das Erlernen sowie

---

[9] Vgl.: Apelt, O. (1993). *Seneca Philosophische Schriften IV* (Bd. 4). (Meiner, Hrsg.) Hamburg: Felix Meiner Verlag, Seite 231f.;
Vgl.: Arbeitsübersetzung

argumentative Fähigkeiten und die Kommunikation mit anderen. Wenn ein Schüler Latein gelernt hat, kann man im Allgemeinen über ihn aussagen, dass er über Lerndisziplin und eine humanistische Allgemeinbildung verfügt.

Im Gegensatz hierzu haben laut Nadine Bös universitäre Forschungen ergeben, dass der Lateinunterricht keine Vorteile für das logische Denken oder das Erlernen moderner Fremdsprachen mit sich bringt. Dieses hat laut Bös auch eine Studie gezeigt, wobei Schüler mit oder ohne Lateinkenntnisse spanisch gelernt und eine Prüfung absolviert haben. Das Ergebnis der Studie hat deutlich gezeigt, dass die Schüler, die zuvor Latein gelernt hatten, klar schlechter abgeschnitten haben und somit die Aussage, dass Latein Vorteile für das Erlernen moderner Fremdsprachen bringt, widerlegt ist.[10]

Aufgrund dessen fordern manche Philosophen, Politiker oder Lehrer, dass Latein in Zukunft als Wahl- statt als Pflichtfach eingeführt werden sollte.

Wilfried Stroh, ein Lateinprofessor, ist hinsichtlich dieser zuvor angeführten Forderung anderer Meinung, da andere Nebenfächer, wie Musik, Sport, Religion oder Literatur, einen ebenso großen Nutzen auf dem Arbeitsmarkt aufweisen wie der Lateinunterricht und somit auch diese Fächer zu Wahlfächern werden sollten. Laut Stroh ist es aber sinnvoller, den Lateinunterricht lebendiger zu gestalten, welches er selbst auch versucht hat. Er hat es sogar geschafft, seine Schüler so zu begeistern, dass im Internet von seinen Schülern ein Online-Lateinchatroom gegründet wurde. Alles in allem jedoch findet Stroh, dass diese Maßnahmen Latein zwar am Leben erhalten, jedoch die Sprache leider so an Ernsthaftigkeit verliert.

In Rückbezug zur anfänglichen Fragestellung lässt sich festhalten, dass heutzutage verschiedene Meinungen bezüglich der Nützlichkeit der lateinischen Sprache vorliegen und für jede Sichtweise auch unterstützende Argumente angeführt werden können. Somit lässt sich hier schlussfolgern, dass momentan kein einheitliches Meinungsbild zu diesem Konflikt existiert und die Frage weiterhin noch Diskussionsbedarf bieten kann.[10]

---

[10] Vgl.: Bös, N. (24. Juni 2010). *Lateinkenntnisse - Für die Schule, nicht fürs Leben.* (F. A. Zeitung, Hrsg.)
Abgerufen am 1. September 2015 von http://www.faz.net/aktuell/beruf-chance/arbeitswelt/lateinkenntnisse-fuer-die-schule-nicht-fuersleben-1608741.html?printPagedArticle=true#pageIndex_2

Fazit des FAZ-Artikels

Die Argumentationsstruktur von Nadine Bös zeigt ebenfalls, dass die Frage heutzutage noch nicht eindeutig geklärt werden kann und weiter ausführlich diskutiert werden muss. Dieses wird besonders daran deutlich, dass Bös zunächst eine Art Sanduhr-Prinzip anwendet und dementsprechend zunächst Argumente für das Erlernen von Latein und im Anschluss Argumente gegen das Erlernen von Latein aufzählt.

Bei den Argumenten, die gegen den Lateinunterricht sprechen, fällt auf, dass diese sich lediglich auf eine durchgeführte Studie beziehen und somit deutlich wird, dass nur anhand vereinzelter Forschungsergebnisse gezeigt werden konnte, dass Lateinkenntnisse zu Verwirrung anstatt zur Hilfe beim Erlernen weiterer Fremdsprachen geführt hat. Aber, anstelle einer abschließenden Abwägung beider Sichtweisen nennt Bös zum Schluss ihres Zeitungsartikels eine weitere Position, die sich sowohl für als auch gegen den Lateinunterricht äußert, und abschließend festhält, dass man Latein nicht als unnütz bezeichnen kann.

Inhaltlich wird dieses an den Aussagen von Wilfried Stroh deutlich, da er zum Ausdruck bringt, dass Latein genauso nützlich und hilfreich ist, wie viele andere Nebenfächer, jedoch der Lateinunterricht an manchen Stellen interessanter beziehungsweise vielfältiger gestaltet werden könnte.[11]

Kernlehrplan - Latein

Latein als Grundstein der Entwicklung Europas

Zu Beginn des Kernlernplans für die Sekundarstufe I am Gymnasium im Fach Latein in NRW werden zunächst Aufgaben und Ziele des Lateinunterrichts beschrieben.

Vor Jahrhunderten war Latein im Imperium Romanum die vorherrschende Sprache und sie wurde somit ebenso in Gesetzen und Vorschriften wie auch in Reden und literarischen Werken verwendet. Dies sorgte dafür, dass die lateinische Sprache eine große Bedeutsamkeit in allen Lebensbereichen aufwies und somit auch als „Sprache

---

[11] Vgl.: Bös, N. (24. Juni 2010). *Lateinkenntnisse - Für die Schule, nicht fürs Leben.* (F. A. Zeitung, Hrsg.) Abgerufen am 1. September 2015 von http://www.faz.net/aktuell/beruf-chance/arbeitswelt/lateinkenntnisse-fuer-die-schule-nicht-fuersleben-1608741.html?printPagedArticle=true#pageIndex_2

der Wissenschaft, Sprache der Kirche, Sprache der Verwaltung, Sprache des Rechts"[12] galt.

Aufgrund der hohen Bedeutung der romanischen Sprachen[13] in der damaligen Zeit lässt sich feststellen, dass diese (die romanischen Sprachen) auf die später entstandenen europäischen Sprachen Einfluss genommen haben und somit in den europäischen Sprachen Entlehnungen und Fremdwörter, die ursprünglich aus dem Lateinischen kommen, zu finden sind. Dem zufolge kann man Latein als *„Basissprache Europas"*[14] bezeichnen.

Des Weiteren ermöglicht die lateinische Sprache den Zugang zur vergangenen Welt und Historie, die die heutige Gegenwart durchaus geprägt hat. Die Themen der vorhandenen lateinischen Texte sind auch heute noch relevant und repräsentieren sowohl historische als auch subjektive Sichtweisen eines Autors und behandeln in großen Teilen auch Lebensbedingungen, sowie gesellschaftliche, politische, kulturelle oder philosophische Fragestellungen, die auch heute noch von Relevanz sind. Außerdem existieren lateinische Texte von der Antike bis zur Neuzeit, sodass man anhand dieser die Entwicklung zentraler Ideen und Sichtweisen der Menschen analysieren kann.[15]

Alles in allem hat die lateinische Sprache zur Entwicklung und Identitätsbildung Europas beigetragen, da man die Grundsteine der Entwicklung in der Antike findet.

Das einleitende Kapitel des Lehrplans stellt also deutlich heraus, dass die lateinische Sprache Einfluss auf unsere Gegenwart genommen hat und der Lateinunterricht aus diesem Grund sinnvoll ist, da dieser dem jeweiligen Schüler sowohl historische Zusammenhänge als auch Entwicklungen und Veränderungen der Sichtweisen der Menschen vermittelt.[16]

---

[12] Ministerium für Schule und Weiterbildung des Landes Nordrhein-Westfahlen. (2008). *Sekundarstufe I. Gymnasium und Gesamtschule Kernlehrpläne Latein* (1 Ausg.). Düsseldorf: Ritterbach Verlag, Seite 11
[13] Romanische Sprachen: Sprachfamilie mit Ursprung im Lateinischen, bestehend aus zum Beispiel: Spanisch, Portugiesisch, Französisch, Italienisch, Rumänisch usw.
Vgl.: Wikipedia.org. (14. November 2015). Abgerufen am 20. November 2015 von https://de.wikipedia.org/wiki/Romanische_Sprachen
[14] Ministerium für Schule und Weiterbildung des Landes Nordrhein-Westfahlen. (2008). *Sekundarstufe I. Gymnasium und Gesamtschule Kernlehrpläne Latein* (1 Ausg.). Düsseldorf: Ritterbach Verlag, Seite 11
[15] Vgl.: Ministerium für Schule und Weiterbildung des Landes Nordrhein-Westfahlen. (2008). *Sekundarstufe I. Gymnasium und Gesamtschule Kernlehrpläne Latein* (1 Ausg.). Düsseldorf: Ritterbach Verlag, Seite 11f.

[16] Vgl.: Ministerium für Schule und Weiterbildung des Landes Nordrhein-Westfahlen. (2008). *Sekundarstufe I. Gymnasium und Gesamtschule Kernlehrpläne Latein* (1 Ausg.). Düsseldorf: Ritterbach Verlag, Seite 11f.

Warum heute noch Latein lernen?

Gründe für das Erlernen der lateinischen Sprache

Die Informationsbroschüre für Eltern und Schüler aus dem deutschen Altphilologen-Verband fasst, wie der Kernlehrplan, die Vorteile, die ein Schüler durch das Erlernen der lateinischen Sprache bekommt, zusammen. Das Erlernen der lateinischen Sprache stärkt zunächst den Bezug zur Muttersprache, da beim Übersetzen immer ein Vergleich zwischen dem Lateinischen und der eigenen Muttersprache erfolgt. Des Weiteren beschreibt das Lateinische die Welt aus einer ganz anderen Perspektive, welche sich klar von der heutigen abgrenzt, sodass durch die besondere Ausdrucksweise der Wortschatz und der Stil verbessert werden.

Durch den vermeintlich klaren Aufbau der lateinischen Grammatik wird beim Übersetzen in die Muttersprache eine für alle Schüler neue Methode angewandt. [17]Dies führt dazu, dass auch hier, genau wie bei Weebers Ansichten, von einer Chancengleichheit gesprochen wird. Zudem erlernt jeder einzelne Schüler eine wissenschaftliche Arbeitsweise, in der das Herstellen von Beziehungen zwischen den einzelnen Wörtern eine sehr wichtige Rolle spielt, da das Übersetzen nur durch Anwenden der gelernten Grammatik funktionieren kann. Der Schüler muss ebenfalls in der Lage sein, die richtige Bedeutung der Wörter aus dem Kontext zu erschließen, da bei der Übersetzung aus dem Lateinischen allein der Zusammenhang über die Richtigkeit der Übersetzung entscheidet.

Ein weiteres Argument, welches hier für das Erlernen der lateinischen Sprache angeführt wird, ist, dass das Beherrschen der lateinischen Sprache das Erlernen weiterer romanischer Sprachen erleichtert und dass Latein ein Grundstein für die berufliche Orientierung beziehungsweise das Studium sein kann und somit für einzelne eine sehr wichtige Rolle spielen kann. Abschließend blickt man beim Erlernen der lateinischen Sprache auf die Geschichte und den Ursprung Europas zurück. So wird es ermöglicht, die Welt zu begreifen, da Problemstellungen der damaligen Zeit, mit ihren Ursachen und Folgen auch heute noch in ähnlicher Form auftreten können. [18]

---

[17] siehe dazu: Kapitel : Mit dem Latein am Ende?

[18] Pridik, D. K.-H. *Latein - Informationen für Schüler und ihre Eltern.* (L. N.-W. Altphilologenverband, Hrsg.) Wuppertal: Schumacher.

Zusammengefasst nennt die Informationsbroschüre über die lateinische Sprache einige Vorteile, die das Erlernen mit sich bringt, und sieht das Beherrschen der lateinischen Sprache als nützlich und sinnvoll an. In Bezug auf die Ausgangsfragestellung lässt sich hierzu somit festhalten, dass das Erlernen der lateinischen Sprache durchaus nützlich im Leben sein kann und dem Schüler Wissen vermittelt, welches im Leben, sowohl beim Erlernen weiterer romanischer Sprachen als auch bei der Berufsausbildung beziehungsweise Studium, hilfreich und nützlich sein kann.[19]

Mit dem Latein am Ende?

Karl-Wilhelm Weeber - Tradition mit Perspektiven

Das Unterkapitel *„Chancengleichheit durch Latein – Wie Übersetzen für die eigene Muttersprache fit macht"* beschreibt die Vorteile des Lateinunterrichts für jeden einzelnen Schüler beim Erlernen der lateinischen Sprache.

Da das Aneinanderreihen von auswendig gelernten Vokabeln nicht ausreicht, um lateinische Texte übersetzen zu können, muss jeder einzelne Schüler die Fähigkeit erlernen, Vokabeln in bestimmten Zusammenhängen anders deuten und interpretieren zu können. Somit findet sich beim Übersetzen für jedes zu übersetzende Wort der passende äquivalente Begriff in der „Zielsprache"[20]. Karl Wilhelm Weeber stellt in seinem Buch die These auf: *„Bloßes Lernen kann das Denken nicht ersetzen. Es gilt dem Zusammenhang entsprechend zu differenzieren."* [21] Er will hiermit zum Ausdruck bringen, dass das Übersetzen lateinischer Texte weitaus mehr erfordert als das Wissen über lateinische Vokabeln und Grammatik und somit das richtige oder auch strukturierte Übersetzen zu einem professionelleren Umgang mit der Muttersprache führt. Dieses führt Weeber auf das sorgfältige und genaue Übersetzen zurück, da man hierdurch, egal wie gut man die „Zielsprache"[7] beherrscht, seinen Wortschatz immer weiter ausdehnt und er somit Latein auch als Chancenausgleich für ausländische Schüler sieht, da diese so zum Beispiel die

---

[19] Vgl.: Pridik, D. K.-H. (kein Datum). Latein - Informationen für Schüler und ihre Eltern. (L. N.-W. Altphilologenverband, Hrsg.) Wuppertal: Schumacher.
[20] bezeichnet die Sprache in die aus dem lateinischen heraus übersetzt wird
[21] Weeber, K.-W. (1998). *Mit dem Latein am Ende? Tradition mit Perspektiven.* Göttingen: Vandenhoeck und Ruprecht, Seite 32

deutsche Sprache besser erlernen können und diese differenziert zu gebrauchen wissen.

In Hinblick auf die Fragestellung lässt sich hier also festhalten, dass Weeber den Lateinunterricht als sinnvoll erachtet und der Meinung ist, dass das Erlernen der lateinischen Sprache den Umgang mit der eigenen Muttersprache fördert, da die Muttersprache durch das Lateinlernen selbst neu erlernt wird. Dieser Prozess lässt sich hauptsächlich durch die umfangreiche Grammatik und das damit verbundene exakte Arbeiten (wissenschaftliche Arbeitsweise) verbinden.[22]

Zusammenfassendes Ergebnis

Nach genauerer Betrachtung der einzelnen Positionen und Sichtweisen der verschiedenen Autoren ergibt sich, dass die Meinung zu überwiegen scheint, dass sich das Erlernen der lateinischen Sprache für den Schüler doch als nützlich und vorteilhaft erweist, was an den unterschiedlichsten Aspekten deutlich wird.

Anhand der antiken Sichtweise Senecas zeigt sich zwar zunächst, dass der schulische Unterricht in der damaligen Zeit die einzelnen Schüler nicht auf das Leben vorbereitet hat, sondern lediglich Wissen vermittelt hat, welches aber im Großteil im weiteren Leben nicht zum Tragen kommt. Seneca formuliert hier, dass man auch mit weniger Werken ausreichendes Wissen hätte vermitteln können, da man durch die Verwendung vieler literarischer Werke lediglich die Philosophie weiter verbreitet und vervielfältigt, welches nur zu einer Belastung des Menschen selbst führt.

In Hinblick auf den Lateinunterricht heutzutage zeigt sich deutlich, dass die Argumente für den Lateinunterricht klar überwiegen und die Argumente gegen den Lateinunterricht schnell widerlegt werden können. Ein Schüler mit erfolgreich abgeschlossenem Latinum kann nämlich eine hohe Lerndisziplin, sowie eine gute humanistische Allgemeinbildung vorweisen. Des Weiteren erlangt jeder Schüler durch den Lateinunterricht einen besseren und exakteren Umgang mit seiner Muttersprache, da das Übersetzen des Lateinischen stark mit dem Kontext in Verbindung steht. Der Lateinunterricht erweitert hierdurch den Wortschatz und den sprachlichen Stil jedes einzelnen Schülers, sodass auch sprachlich schwache

---

[22] Vgl.: Weeber, K.-W. (1998). *Mit dem Latein am Ende? Tradition mit Perspektiven.* Göttingen: Vandenhoeck und Ruprecht, Seite 32

Schüler durch den Lateinunterricht in ihrer eigenen Muttersprache gefördert werden. Weiterhin ist die lateinische Sprache Grundbaustein aller romanischen Sprachen, sodass Lateinkenntnisse das Erlernen weitere romanischer Sprachen wohl erleichtern dürften.

Die Argumente, die gegen den Lateinunterricht sprechen, beziehen sich lediglich auf eine durchgeführte Studie die Schüler mit und ohne Latinum in einem Spanischtest vergleicht. Hierbei wird deutlich, dass die Lateinkenntnisse zu Verwirrung geführt haben und somit die Schüler ohne Latinum klar besser abgeschnitten haben. Dem zufolge sind manche Professoren der Ansicht, dass Latein als Wahlfach eingeführt werden sollte, da es im Laufe der Zeit an Bedeutung verloren hat.

Abschließend sind die Aussagen Wilfried Strohs als Ergänzung zu Senecas Position zu betrachten, da Stroh darin zum Ausdruck bringt, dass neben Latein auch andere Nebenfächer keinen sehr großen Nutzen im weiteren Leben aufweisen können und er es somit als sinnvoller erachtet, die für die Schüler fremden Unterrichtsmethoden zu überarbeiten und die tote Sprache lebendiger zu gestalten. Alles in allem ist also zur Ausgangsfrage festzuhalten, dass der Lateinunterricht selbst als sinnvoll zu betrachten ist, da er doch viele nützliche Aspekte aufweisen kann, jedoch nicht alle Unterrichtsinhalte der einzelnen Nebenfächer im Leben nützlich sind und somit die im Lateinunterricht erlangten Kompetenzen in der zukünftigen Berufswelt genauso nützlich sind wie die in anderen Nebenfächern erlangten Kompetenzen. Abschließend ist also deutlich geworden, dass es in jedem Fall empfehlenswert ist, Latein als weitere Fremdsprache zu erlernen und man sich nicht vor vereinzelten Vorurteilen abschrecken lassen sollte, da jedes einzelne Schulfach nützliche, aber auch unnütze Inhalte für die persönliche individuelle Zukunft aufweist.

Literaturverzeichnis

Apelt, O. (1993). *Seneca Philosophische Schriften IV* (Bd. 4). (Meiner, Hrsg.) Hamburg: Felix Meiner Verlag.

Bös, N. (24. Juni 2010). *Lateinkenntnisse - Für die Schule, nicht fürs Leben.* (F. A. Zeitung, Hrsg.) Abgerufen am 1. September 2015 von http://www.faz.net/aktuell/beruf-chance/arbeitswelt/lateinkenntnisse-fuer-die-schule-nicht-fuersleben-1608741.html?printPagedArticle=true#pageIndex_2

Drösser, C. (2. August 2001). *www.zeit.de.* (Z. Online, Hrsg.) Abgerufen am 01. September 2015 von http://www.zeit.de/2001/32/200132_stimmts_seneca.xml

Ministerium für Schule und Weiterbildung des Landes Nordrhein-Westfahlen. (2008). *Sekundarstufe I. Gymnasium und Gesamtschule Kernlehrpläne Latein* (1 Ausg.). Düsseldorf: Ritterbach Verlag.

Ministerium für Schule und Weiterbildung des Landes Nordrhein-Westfahlen. (kein Datum). *www.schulministerium.nrw.de.* Abgerufen am 20. November 2015 von

http://www.schulministerium.nrw.de/docs/Schulsystem/Unterricht/Lernbereiche -und-Faecher/Fremdsprachen/Latein/#A_1

Pridik, D. K.-H. (kein Datum). Latein - Informationen für Schüler und ihre Eltern. (L. N.-W. Altphilologenverband, Hrsg.) Wuppertal: Schumacher.

Res Romanae compact (1 Ausg.). (2010). Berlin: Cornelsen Verlag.

Reynolds, L. D. (1965). *L. Annaei Senecae ad Lucilium Epistulae Morales* (Bd. 2). Oxford: Oxford University Press.

Weeber, K.-W. (1998). *Mit dem Latein am Ende? Tradition mit Perspektiven.* Göttingen: Vandenhoeck und Ruprecht.

Wikipedia.org. (14. November 2015). Abgerufen am 20. November 2015 von https://de.wikipedia.org/wiki/Romanische_Sprachen

news4teachers.de. (6. Oktober 2015). Abgerufen am 20. November 2015 von http://www.news4teachers.de/2015/10/altphilologen-sind-empoert-latein-verliert-in-der-lehrerausbildung-an-bedeutung/

Anhang

FAZ: Lateinkenntnisse – Für die Schule, nicht fürs Leben

Text für die Veröffentlichung entfernt. Zu finden unter:

http://www.faz.net/aktuell/beruf-chance/arbeitswelt/lateinkenntnisse-fuer-die-schule-nicht-fuers-leben-1608741.html?printPagedArticle=true#pageIndex_2

Stand vom 01.09.2015

ZEIT Online – Fürs Leben (Stimmt's Seneca?)

Text für die Veröffentlichung entfernt. Zu finden unter:

http://www.zeit.de/2001/32/200132_stimmts_seneca.xml

Stand vom 01.09.2015

news4teachers.de

Altphilologen sind empört Latein verliert in der Lehrerausbildung an Bedeutung

Text wurde für die Veröffentlichung entfernt. Zu finden unter:

http://www.news4teachers.de/2015/10/altphilologen-sind-empoert-latein-verliert-in-der-lehrerausbildung-an-bedeutung/

Stand vom 01.09.2015

Ministerium für Schule und Weiterbildung NRW

Lernbereiche und Fächer – Das Latinum

Text wurde für die Veröffentlichung entfernt. Zu finden unter:

https://www.schulministerium.nrw.de/docs/Schulsystem/Unterricht/Lernbereiche-und-Faecher/Fremdsprachen/Latein/#A_1

BEI GRIN MACHT SICH IHR WISSEN BEZAHLT

- Wir veröffentlichen Ihre Hausarbeit,
  Bachelor- und Masterarbeit

- Ihr eigenes eBook und Buch -
  weltweit in allen wichtigen Shops

- Verdienen Sie an jedem Verkauf

Jetzt bei www.GRIN.com hochladen
und kostenlos publizieren